COLLECTION

DE VILLASANTE DE MONTIJA

DE MADRID

TABLEAUX

ANCIENS

Mᵉ CHARLES OUDART, COMMISSAIRE-PRISEUR

M. ÉMILE BARRE, EXPERT

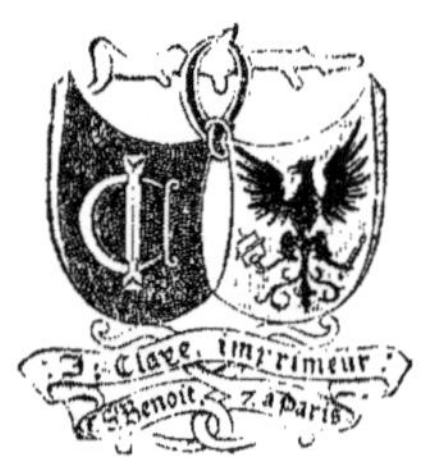

Claye, imprimeur
S.Benoit, 7, a Paris

CATALOGUE

DE

TABLEAUX

ANCIENS

PRINCIPALEMENT

DE L'ÉCOLE ESPAGNOLE

PROVENANT DE LA COLLECTION

DE VILLASANTE DE MONTIJA

DONT LA VENTE AURA LIEU

HOTEL DROUOT, SALLE N° 1

Les Jeudi 7 & Samedi 9 Avril 1870

PAR LE MINISTÈRE DE M⁰ CHARLES OUDART, COMMISSAIRE-PRISEUR
26, boulevard des Italiens

ASSISTÉ DE M. ÉMILE BARRE, EXPERT
20, Chaussée d'Antin

Chez lesquels se trouve le présent Catalogue.

EXPOSITION PUBLIQUE

LES MERCREDI 6 ET VENDREDI 8 AVRIL 1870
De 1 heure 1/2 à 5 heures 1/2

CONDITIONS DE LA VENTE

Elle sera faite au comptant.

Les acquéreurs payeront *cinq pour cent* en sus du prix d'adjudication.

L'Exposition mettant le public à même de se rendre compte de l'état des tableaux, il ne sera admis aucune réclamation une fois l'adjudication prononcée.

DÉSIGNATION
DES TABLEAUX

ABTSHOVEN

1. — Le Cortége du roi se rendant à la fête des arque-
busiers.

BASSAN

2. — Le Christ aux colonnes.

BASSAN

3. — Les Pèlerins d'Emmaüs.

BASSAN

4. — Les Travaux de la ferme.

BASSAN

5. — La Naissance du Christ.

BAPTISTE

6. — Bouquet de fleurs.

BAPTISTE

7. — Le pendant.

BOURGUIGNON

8. — Combat de cavaliers.

BOURGUIGNON

9. — Combat de cavaliers.

BOL (H.)

10. — Le Calvaire.

BRILL (P.)

11. — Paysage avec figures.

BELIN (Jean)

12. — La Vierge contemplant l'enfant Jésus.   .

CARAVAGGIO

13. — Saint Joseph.

FYT

14. — Homard, fruits & gibier sur une table.

FYT (*Ecole de*)

15. — Légumes & fruits.

FRANCK

16. — La Prédication de saint Jean.

FRANCK

17. — Le Baptème dans le Jourdain.

GOYA

18. — Portrait d'homme.

GOYA

19. — Portrait d'homme.

GUERCHIN

20. — Le Départ d'Adonis.

HON (DE)

21. — Combat de cavaliers.

HEEM (DE)

22. — Nature morte.

JANSSENS

23. — Entrée de parc, avec personnages.

LONGHI

24. — Intérieur de jardin & palais, avec figures.

MURILLO (*Attribué à*)

25. — La Madeleine.

MURILLO (*École de*)

26. — Saint Jean.

METSYS (Q.)

27. — Christ les mains jointes.

METSYS (Q.)

28. — Vierge les mains jointes.

MICHEL-ANGE DES BATAILLES

29. — Vase de fleurs & fruits.

MICHEL-ANGE DES BATAILLES

30. — Pendant du précédent.

ORIZONTI

31. — Paysage, avec figures.

ORIZONTI

32. — Pendant du précédent..

OSTADE (*École de*)

33. — Les Patineurs.

PARROCEL

34. — Le Maréchal ferrant.

REMBRANDT (*École de*)

35. — L'Ange apparaissant aux bergers.

RIBERA

36. — Christ mort.

RIBERA

37. — Sujet de sainteté.

RUBENS (*École de*)

38. — Sainte Famille.

SCHŒVAERTS

39. — Paysages, avec figures.

SOLIMÈNE

40. — Sainte Famille.

SOLIMÈNE

41. — La Vierge & sainte Anne.

SEGHERS (Daniel)

42. — Vase de fleurs.

SERVANDONI

43. — Intérieur de palais, avec figures.

SERVANDONI

44. — Pendant du précédent.

TREVISANI

45. — Vierge tenant l'enfant Jésus endormi.

TINTORET

46. — Le Christ intrant à Bethléem.

VÉLASQUEZ

47. — Portrait d'une infante d'Espagne.

VAN KESSEL

48. — Guirlande de fleurs avec médaillon : Sainte Famille.

VAN EYCK (*École de*)

49. — Vierge & enfant Jésus.

VAN EYCK (*École de*)

50. — Vierge avec l'enfant Jésus dans les bras.

VAN EYCK

51. — Vierge allaitant l'enfant Jésus.

VAN HÉDA

52. — Nature morte.

VÉLASQUEZ (*École de*)

53. — Portrait de la duchesse de Modène.

VAN ORLEY

54. — Portrait de dame tenant un vidrécome.

VAN VITELLI

55. — Vue d'une place.

VAN VITELLI

56. — Intérieur d'un temple, avec figures.

VAN DER GOES

57. — Le Christ portant sa croix.

VÉLASQUEZ (*École de*)

58. — Fruits.

VÉLASQUEZ

59. — Portrait d'enfant.

VÉLASQUEZ (*École de*)

60. — Guirlande de fleurs & fruits, avec oiseaux au centre.

VÉLASQUEZ (*École de*)

61. — Pendant du précédent.

ÉCOLE FLAMANDE

62. — Vierge & enfant Jésus.

ÉCOLE FLAMANDE

63. — Fruits.

ÉCOLE GOTHIQUE FLAMANDE

64. — L'Adoration des mages.

65. — Sous ce numéro environ **200 TABLEAUX ANCIENS**, principalement de l'*École espagnole*.

PARIS. — J. CLAYE, IMPRIMEUR, 7, RUE SAINT-BENOIT — [589]